ESTE LIVRO PERTENCE À...

....

IBC – INSTITUTO BRASILEIRO DE CULTURA LTDA
CNPJ 04.207.648/0001-94
Avenida Juruá, 762 – Alphaville Industrial
CEP: 06455-010 – Barueri/SP
www.editoraonline.com.br

Presidente: Paulo Roberto Houch
MTB 0083982/SP

Coordenação Editorial: Priscilla Sipans
(redacao@editoraonline.com.br)
Redator estagiário: Leonan Mariano
Coordenação de Arte: Rubens Martim
Programador Visual: Renato Darim Parisotto
Vendas: Tel.: (11) 3393-7727 (comercial2@editoraonline.com.br)

Todos os direitos reservados.
3ª Impressão | 2023

Inteligência é a capacidade de se adaptar à mudança.
STEPHEN HAWKING, FÍSICO INGLÊS.

> A mente intuitiva é um presente sagrado.
>
> **Albert Einstein, físico alemão.**

A paz é o resultado de reciclar sua mente para processar a vida como é, em vez de como você acha que deveria ser.
Wayne Dyer, escritor estadunidense.

Não acredite em tudo o que você pensa. Os pensamentos são apenas isso – pensamentos.

Allan Lokos, professor de meditação estadunidense.

Acredite em milagres, mas não dependa deles.

Immanuel Kant, filósofo alemão.

Poucos de nós vivem no presente. Estamos sempre antecipando o que está por vir ou lembrando o que já passou.

Louis L'Amour, escritor estadunidense.

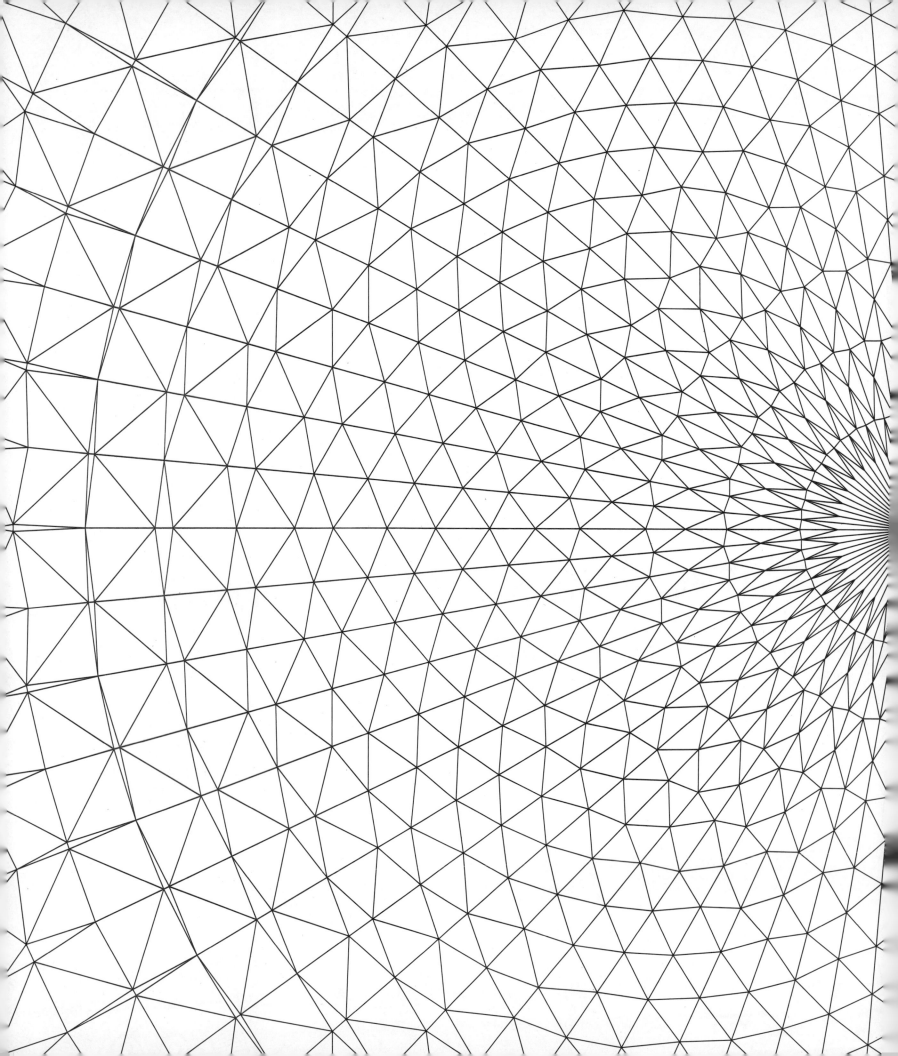

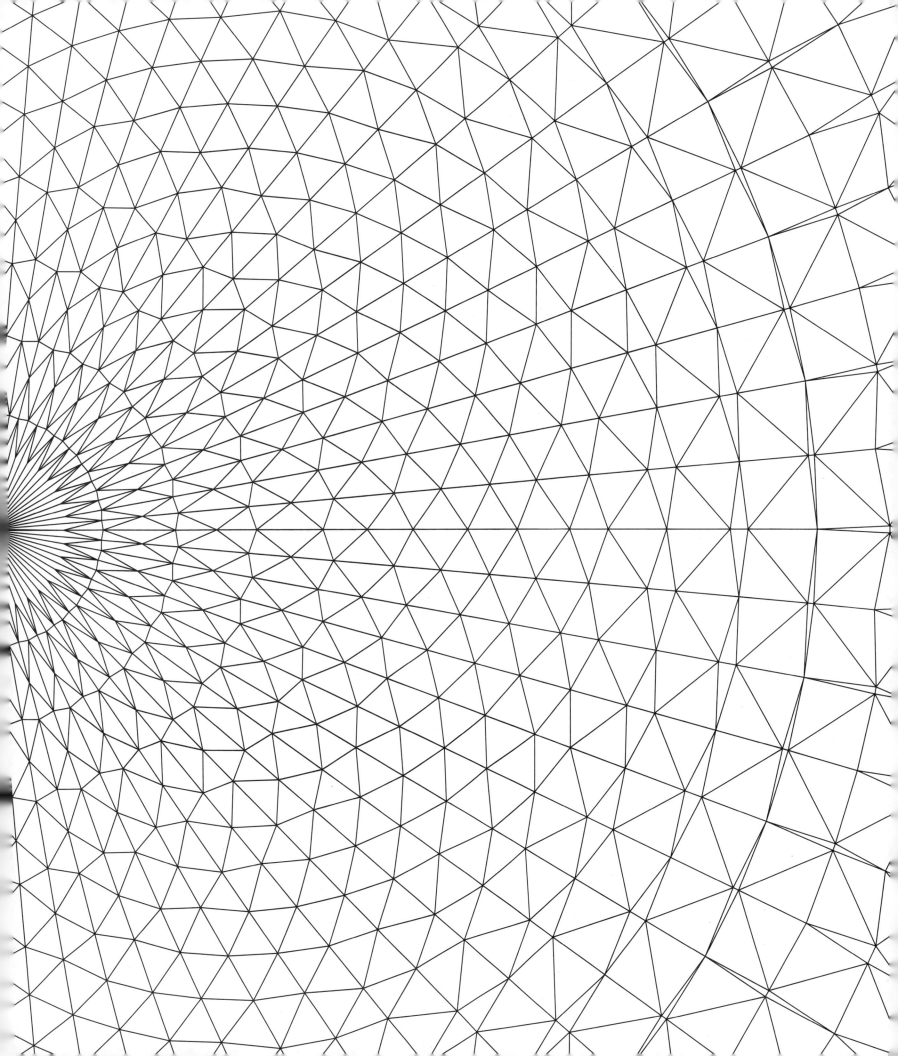

MELHORAR É MUDAR;
SER PERFEITO
É MUDAR
CONSTANTEMENTE.

*Winston Churchill,
primeiro-ministro do
Reino Unido.*

> Pessoas curiosas nunca ficam entediadas, e para elas a vida se torna um eterno estudo de alegria.
>
> **Tony Robbins, palestrante e escritor estadunidense.**

A melhor vitória é vencer sem lutar.
Sun Tzu, filósofo e militar chinês.

Transforme as suas feridas em sabedoria!

Oprah Winfrey, jornalista e apresentadora estadunidense.

Querer ser livre é também querer livres os outros.

Simone de Beauvoir, escritora e filósofa francesa.

Não se acha a paz evitando a vida.

Virginia Woolf, romancista inglesa.

Eu sou o que penso ser.

Buddha, o Iluminado, fundador do budismo.

A palavra cheia de compaixão é doce, calma, clara e agradável de ouvir.

Dalai Lama, monge budista.

> Só conheço uma liberdade, a liberdade da mente.
>
> *Antoine de Saint-Exupery, escritor francês.*

NÃO MACHUQUE OS OUTROS COM O QUE TE CAUSA DOR.
Buddha, o Iluminado, fundador do budismo.

NÃO TENHA IDADE, TRANSCENDA TANTO O PASSADO QUANTO O FUTURO E ADENTRE O PRESENTE ETERNO.

H. E. Davey, escritor e iogue estadunidense.